AR Y FFERM

Susie Behar

Darluniau gan Essi Kimpimäki

Addasiad Elin Meek

RILY

Mae ein ffermwr ni'n brysur
drwy'r flwyddyn gron.

Mae ganddi lawer o anifeiliaid i ofalu amdanyn
nhw, o wartheg a moch, i geffylau ac ieir.
Mae ffermwyr eraill yn tyfu planhigion a chnydau,
fel blodau, tatws a chorn melys.

Rho dortsh y tu ôl i'r dudalen, neu dal hi
at y golau i weld beth sydd wedi'i guddio
yn y ffermydd hyn ac o'u cwmpas nhw.
Cei weld byd o ryfeddodau mawr.

Mae hi'n ganol gaeaf ar y fferm ac
mae ein ffermwr ni wedi rhoi gwair
mewn rhesel i'r anifeiliaid ei fwyta.

Weli di pa anifeiliaid sy'n bwyta'r gwair?

Cnoi!
Cnoi!

Gwartheg sy'n bwyta'r gwair.

Mae angen rhagor o fwyd arnyn nhw
pan fydd y borfa dan eira.

Brrr! Mae'n oer heddiw. Mae llawer o'r anifeiliaid ar ein fferm yn aros yn eu tai i gadw'n gynnes.

Pwy sy'n byw yn y lloches hon?

Mochyn benyw, o'r enw hwch,
Sy'n byw yn y twlc hwn.
Mae hi'n gofalu am dorllwyth
o wyth mochyn bach.

Mae'r moch bach yn closio
at ei gilydd yn y gwellt
wrth ochr eu mam.

Symud!

Gerllaw ein fferm ni, mae fferm fwy
sydd â llawer o wahanol adeiladau.
Mae tŷ i'r ffermwr ac mae sguboriau
a stablau i'r anifeiliaid.

Hefyd mae tŵr tal
o'r enw seilo.

Beth am gael cip y tu mewn?

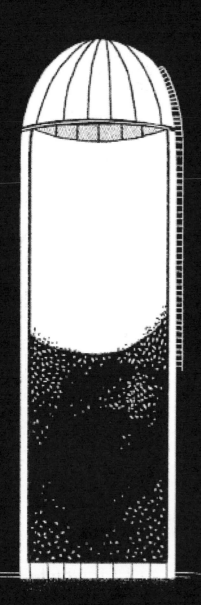

Mae'r seilo'n llawn o rawn.
Medodd y ffermwr y grawn
yn yr hydref.

Mae'r ffermwr yn ei
gadw yn y seilo fel ei fod
yn aros yn ffres ac yn
sych. Mae'r ffermwr yn
defnyddio'r grawn i fwydo'r
anifeiliaid yn y gaeaf pan
nad oes llawer o borfa.

Mae hi'n wanwyn ac mae llawer o anifeiliaid bach yn cael eu geni ar ein fferm ni. Mae'r milfeddyg wedi dod i weld sut mae anifail bach.

Beth mae'r milfeddyg yn ei wneud, tybed?

Mae'r milfeddyg yn gwrando ar guriad calon yr eboles i wneud yn siŵr ei bod hi'n iach. Hefyd bydd yn gwneud yn siŵr fod y fam yn iawn.

Bwm bwm!

Bwm bwm!

Mae ein ffermwr ni yn y sgubor.
Yn ystod y nos, cafodd dafad dri oen
bach. Mae un yn mynd at y fam i
gael llaeth ac mae un yn cysgu.
Ble mae'r trydydd oen?

Dyma fe!

Mae ein ffermwr ni'n ei fwydo
o botel. Weithiau, dyw'r ddafad
ddim yn gallu bwydo'r ŵyn
i gyd ei hunan.

Llymaid!
Llymaid!

Mae ieir yn byw mewn adeilad o'r enw cwt ieir neu sied ffowls.

Mae'r iâr yma'n paratoi at y nos. Ydy hi ar ei phen ei hun?

Nac ydy. Mae ei chywion yn cwtsho
o dan ei hadenydd hi.

Felly maen nhw'n ddiogel ac yn gynnes.

Bic!

Bic!

Mae ffermwyr yn gallu tyfu pob math
o wahanol blanhigion a chnydau.

Mae'r ffermwr hwn wrthi'n brysur,
yn tyfu blodau i'w gwerthu.

Beth am weld lle
maen nhw'n tyfu?

Mae'r blodau'n tyfu mewn twnelau polythen.

Math o blastig yw polythen. Mae'r twnnel polythen yn cadw'r blodau'n ddiogel rhag y gwynt, sy'n gallu plygu neu dorri eu coesynnau. Ond mae'r haul yn dal i wenu arnyn nhw.

Mae hi'n haf ac mae ein ffermwr
ni'n tyfu planhigion hefyd. Mae gardd
lysiau fawr ar y fferm.

Weli di pa lysiau sy'n tyfu yn y pridd?

Mae moron, winwns neu
nionod, a thatws.

Gwreiddlysiau ydyn nhw,
Sy'n tyfu o dan y ddaear.

Gwthio!

Mae criw o blant ysgol yn ymweld â'n fferm ni i ddysgu am yr anifeiliaid a'r planhigion.

Ar beth maen nhw'n edrych nawr?

Maen nhw'n gwylio'r ffermwr yn godro buwch.

Mae'r llaeth yn cael ei wasgu'n ofalus o bwrs y fuwch a'i gasglu mewn bwced.

Sblish!
Sblash!

Ar ffermwr arall gerllaw,
mae ffermwr yn cywain gwair.
Mae peiriant o'r enw byrnwr
yn troi'r gwair sydd wedi'i
ladd yn fyrnau crwn.

Sut mae'n gwneud hyn?

Mae rholwyr yn y byrnwr.
Maen nhw'n cywain y gwair
ac yn ei droi'n fyrnau.

Mae'r byrnau
gwair yn cadw'r
gwair yn ffres
ac maen nhw'n
hawdd eu storio.

Grwnan!

Mae'r haf yn troi'n hydref.
Yn y berllan ar y fferm, mae'r coed
afalau'n llawn o ffrwythau blasus.
Mae'r casglwyr yn llenwi blychau
ag afalau aeddfed.

Pwy sy'n
casglu'r
afalau?

Mae llawer o bobl yn casglu'r afalau.

Mae rhai wedi dod i weithio ar y fferm dros y cynhaeaf afalau. Byddan nhw'n gadael pan fydd yr afalau i gyd wedi cael eu casglu.

Hefyd, mae ein fermwr ni a'r teulu'n helpu gyda'r cynhaeaf afalau.

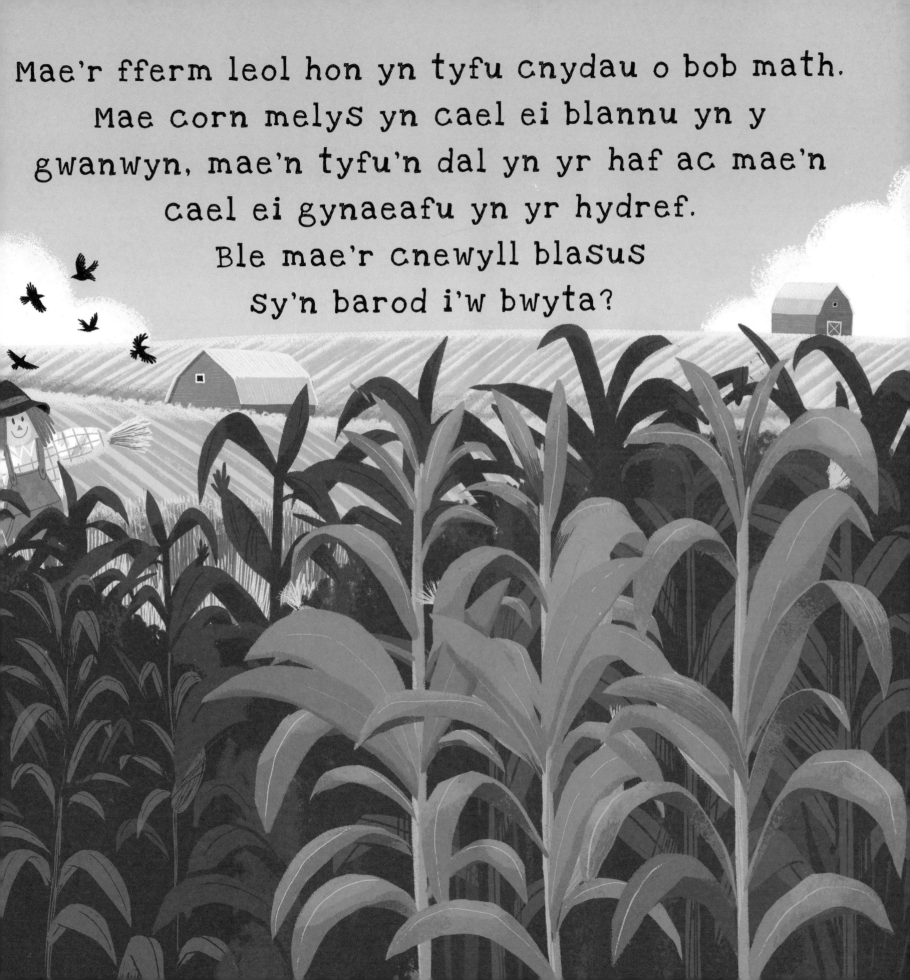

Mae'r fferm leol hon yn tyfu cnydau o bob math.
Mae corn melys yn cael ei blannu yn y
gwanwyn, mae'n tyfu'n dal yn yr haf ac mae'n
cael ei gynaeafu yn yr hydref.
Ble mae'r cnewyll blasus
Sy'n barod i'w bwyta?

Dyma nhw!

Maen nhw'n tyfu yn y codenni deiliog.

Siffrwd!

Fry uwchben y cae corn melys, mae ffermwr wedi rhoi blwch nythu mewn coeden.

Weli di pwy sydd y tu mewn iddo?

Tylluan wen sy 'na!

Mae'r ffermwr wedi rhoi cartref i'r dylluan ar y fferm. Mae'r dylluan yn hela'r llygod sy'n bwyta cnydau'r ffermwr. Aderyn nosol yw'r dylluan, felly yn y nos mae hi'n hela.

Hisht!

Ar ddiwedd yr hydref,
mae caeau gwag ar
y fferm hon sy'n
tyfu pwmpenni.

Ble mae'r
pwmpenni i gyd?

Mae'r pwmpenni yn y trelar.

Maen nhw wedi cael eu medi ac maen nhw'n barod i fynd i'r siopau a'r marchnadoedd lle byddan nhw'n cael eu gwerthu.

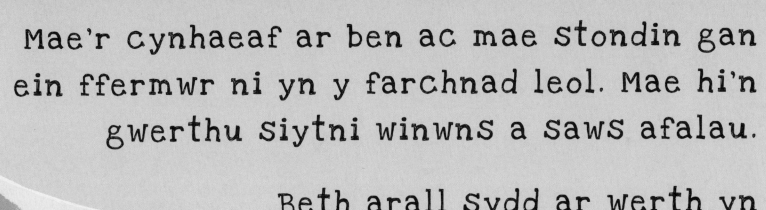

Mae'r cynhaeaf ar ben ac mae stondin gan ein ffermwr ni yn y farchnad leol. Mae hi'n gwerthu siytni winwns a saws afalau.

Beth arall sydd ar werth yn y farchnad heddiw, tybed?

Mae tatws, wyau, corn melys,
moron, pwmpenni, blodau
ac afalau ar werth.

Maen nhw i gyd
wedi dod o
ffermydd lleol.

Mae ein ffermwr ni'n gweithio'n
galed drwy'r flwyddyn i wneud
yn siŵr fod popeth yn mynd
yn hwylus ar y fferm.

Ar ddiwedd pob diwrnod, mae hi'n
mynd adref i'r ffermdy i ymlacio.

Mae rhagor . . .

Beth am gael golwg fwy manwl o gwmpas y fferm?

Ffermydd llaeth Mae ffermwyr yn cadw gwartheg godro sy'n rhoi llaeth. Mae'r gwartheg yn cael eu godro sawl gwaith y dydd. Mae'r llaeth yn gallu cael ei yfed, neu'i ddefnyddio i wneud menyn, caws ac iogwrt.

Tractorau Cerbydau yw tractorau sy'n gallu tynnu llwythi trwm. Mae eu hinjans nhw'n bwerus iawn. Ond mae'r pŵer yn cael ei ddefnyddio i dynnu offer neu beiriannau, nid i fynd yn gyflym. Ar fferm, mae tractor yn cael ei ddefnyddio i dynnu pethau fel byrnwr, aradr a threlar.

Bwganod brain Mae ffermwyr yn defnyddio bwganod brain i gadw adar draw o gaeau lle mae cnydau'n tyfu. Felly dyw'r adar ddim yn bwyta'r cnydau. Efallai mai'r Hen Eifftiaid (dros 3,000 o flynyddoedd yn ôl) oedd y rhai cyntaf i ddefnyddio bwganod brain. Roedden nhw'n eu rhoi nhw ar lannau afon Nîl i warchod eu cnydau gwenith.

Sguboriau

Mae ffermwyr yn storio gwair a pheiriannau fferm mewn sguboriau. Maen nhw'n cadw anifeiliaid, fel gwartheg, moch, ieir, ceffylau, defaid, geifr ac asynnod mewn sguboriau hefyd. Os yw hi'n oer neu'n bwrw glaw, mae'r sgubor yn lle diogel i anifeiliaid gael cysgod neu gysgu.

Milfeddygon

Mae milfeddygon yn gweithio gydag anifeiliaid mawr fel ceffylau, defaid, moch a gwartheg. Maen nhw'n gallu helpu ffermwyr pan fydd anifeiliaid yn cael rhai bach. Hefyd maen nhw'n gofalu am anifeiliaid sâl ac yn brechu anifeiliaid rhag clefydau.

Gwair

Porfa sydd wedi cael ei dorri a'i sychu yw gwair. Mae ffermwyr yn ei ddefnyddio i fwydo anifeiliaid sy'n pori, fel gwartheg, ceffylau, geifr a defaid. Mae gwellt yn wahanol i wair – mae'n dod o goesynnau cnydau fel gwenith. Fel arfer mae'n cael ei roi o dan anifeiliaid, fel gwely iddyn nhw.

Cynnyrch

Mae llawer o'n bwyd ni, fel grawnfwyd, bara a llysiau, yn dod o gnydau ffermydd. Mae ffermwyr yn gwerthu eu cynnyrch i archfarchnadoedd a siopau, a hefyd mewn marchnadoedd ffermwyr lleol.

Cyhoeddwyd gan Rily Publications Ltd 2018
Rily Publications Ltd, Blwch Post 20, Hengoed CF82 7YR
Hawlfraint yr addasiad © Rily Publications Ltd 2018
Addasiad Cymraeg gan Elin Meek

ISBN 978-1-84967-029-6

Cyhoeddwyd yn wreiddiol yn Saesneg yn 2018
dan y teitl *On The Farm* gan Ivy Kids

Dymuna'r cyhoeddwyr gydnabod cefnogaeth ariannol
Cyngor Llyfrau Cymru.

Argraffwyd yn China

www.rily.co.uk